Regina Bestle-Körfer

Wasser, Sand und Steine

Spielspaß mit Naturmaterialien in der Kita

www.herder.de

Gestaltung und Satz: Uwe Stohrer, Freiburg
Umschlagfotos und Fotos im Innenteil: Regina Bestle-Körfer;
S. 87, S. 88 (u. li. und o. li): Abdruck mit freundlicher Genehmigung von
Rolf Bernhard Hauff, Urwelt-Museum Hauff, Holzmaden;
Gestaltungselemente: (Wassertropfen) S. 3, 32 f.: © science photo / Fotolia;
(Eiskristalle) S. 4, 36 f., 40f.: © Auguste Lange / Fotolia

Herstellung: Graspo CZ, Zlín
Printed in the Czech Republic

ISBN 978-3-451-38160-7

Regina Bestle-Körfer

Wasser, Sand und Steine

Spielspaß mit Naturmaterialien in der Kita

HERDER
FREIBURG · BASEL · WIEN

Inhalt

Vorwort

„Unsere Hände sind das Werkzeug unserer Seele."
Indianische Weisheit

Sand rieselt durch die Finger, ein runder Stein schmiegt sich in unsere Hand, erfrischendes Wasser auf der Haut – wir haben alle Erfahrungen mit diesen besonderen Naturmaterialien gesammelt. Es sind die elementaren Erfahrungen aus der Kindheit, die wir als Erwachsene bereits beim Anblick von Wasser, Sand und Steinen wiederbeleben, fühlen und spüren können.

Über die Sinne gelangt die Außenwelt in die Innenwelt eines Menschen. Sinnesreize hinterlassen Eindrücke und Spuren im Gehirn. Welche Sinnesreize als angenehm oder unangenehm empfunden werden, ist individuell verschieden. Bei wohltuenden Berührungsreizen werden vermehrt Wohlfühlhormone im Gehirn ausgeschüttet. Angenehme Sinnesreize wollen wir so häufig wie möglich erleben und wiederholen. Nicht zufällig zieht es uns immer wieder ans Meer, an einen Bach oder See, bauen wir Sandburgen mit unseren Kindern und sammeln Steine.

Wasser, Sand und Steine lassen sich besonders draußen an der frischen Luft sinnlich erfahren und eröffnen fantasievolle Spielideen. Sind die Hände im Einsatz? Ist der Körper aktiv und in Bewegung? Sind die Augen neugierig und die Ohren gespitzt? Während Kinder ihre ganze Aufmerksamkeit auf einen spannenden Sinnesreiz lenken, wird Konzentration spielerisch gelernt. Eine Fähigkeit, die das Gehirn mit zunehmendem Alter auf abstrakte Lernaufgaben überträgt. Je größer die Freude, Neugier, Begeisterung und der Spielspaß, umso nachhaltiger werden alle Sinneserfahrungen der Kindheit zu einem reichen Erfahrungsschatz.

Viel Freude und Spielspaß mit Wasser, Sand und Steinen wünscht Ihnen und vielen Kindern herzlich

Regina Bestle-Körfer

1. Wasserspiele

In einem immer wiederkehrenden Kreislauf bewegt sich Wasser vom Himmel zur Erde und wieder zurück. Es fällt als Regen, Schnee oder Hagel aus Wolken vom Himmel, füllt Pfützen, Teiche, Flüsse, Seen und Meere. Wenn Wasser verdunstet, steigen kleinste Wassertröpfchen zum Himmel hinauf und bilden neue Wolken.

Wasser! Es weckt unsere Lebensgeister und schenkt uns belebende Erfrischung am Morgen, eine angenehme Abkühlung im heißen Sommer und bei einem entspannenden Bad wohlige Wärme.

Liebe zum Lebendigen

Kinder beobachten Vögel an Bächen beim Wassertrinken, Hund und Katze am Napf, Enten im Teich. Mit großer Hingabe gießen schon die Kleinsten die Blumen im Garten. Sie haben ein instinktives „Wissen“ vom Wasser, das alle Lebewesen zum Überleben brauchen.

Ein Element mit magischer Anziehungskraft

Überall, wo Wasser fließt, tröpfelt und spritzt, fühlen Kinder sich magisch angezogen. Sie wollen es anfassen, darin plantschen und schwimmen.

Entspannendes Blau

Wasser ist farblos. Und doch erstrahlt es auf großen Flächen bei strahlendem Sonnenschein in den schönsten Blautönungen. Klares Wasser schluckt (absorbiert) alle Farben des Sonnenlichts, bis auf den Blauanteil des Lichts – der bleibt im Wasser sichtbar und berührt unsere Augen mit entspannendem Blau.

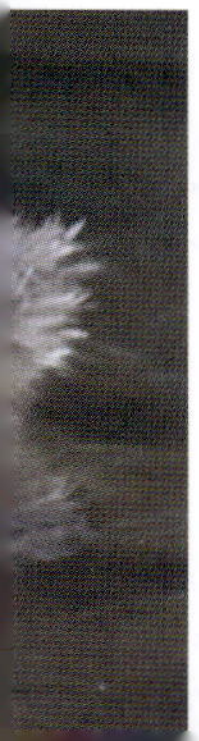

Faszination – mit Gefahren

Beim Eintauchen ins Wasser mit dem Kopf machen wir die unangenehme Erfahrung, Wasser zu verschlucken. Das fühlt sich beängstigend an, und wir lernen, unter Wasser die Luft anzuhalten. Um das Eindringen von Wasser in die Atemwege zu verhindern, ist es sinnvoll, im Wasser durch Nase und Mund auszuatmen. Das sollten Kinder durch gezielte Wassergewöhnung früh lernen. Dabei werden Ängste vor Wasser spielerisch abgebaut. Die Deutsche Lebens-Rettungs-Gesellschaft (DLRG) empfiehlt, dass Kinder ab dem Alter von etwa vier Jahren beginnen sollten, schwimmen zu lernen, um ihre Sicherheit im Wasser zu erhöhen.

Wasser, ein spannender Lebensraum:
Wasser fließt und erfrischt

Beobachten

Beim täglichen Händewaschen beobachten und erforschen Kinder Wasser, das aus dem Wasserhahn fließt. Auch an einem Bach, Wasserfall oder Fluss lässt sich das Fließen des Wassers gut beobachten. Fließendes, blubberndes und plätscherndes Wasser erfrischt und entspannt.

Wo?

Wasserhahn, Bach, Wasserfall, Fluss

Entdecken

In der Natur wird die Entdeckung von fließendem Wasser an einem Bach, Fluss oder Wasserfall zu einem spannenden Abenteuer. Die Kinder entdecken Wasser, das sich über Steine und durch Spalten eigene Wege sucht. Sie hören, wie es überall plätschert, klackert, prasselt, blubbert, gluckst – ein lustiges Wasserkonzert.

Wasserspiele

Tiere am Wasser

Am Bach oder Teich können wir Insekten (Mücken, Libellen, Schmetterlinge, Käfer, Spinnen), Frösche, Kröten und Vögel beobachten. Am Wasser finden sie Nahrung. Wasserfrösche, Kröten und Libellen halten sich zur Paarung und Eiablage in Gewässernähe auf, denn ihre Larven sind auf Wasser angewiesen.

Laich

Die grünlich-braunen Wasserfrösche legen ihren Laich in durchsichtigen Laichklumpen an der Wasseroberfläche ab. Kröten, mit ihrer grau-braun warzigen Haut, schlingen Laichschnüre um Wasserpflanzen.

Kaulquappe

Sie schlüpft nach ca. drei Wochen aus dem Laich. Ist die Larve zwei Zentimeter groß, wachsen zuerst Hinterbeine. Nach sieben Wochen wachsen Vorderbeine. Nach ca. acht Wochen bildet sich der Schwanz zurück. Aus der über drei Zentimeter langen Kaulquappe wird ein kleiner, ca. ein Zentimeter langer Frosch. Er schwimmt an die Wasseroberfläche und füllt seine Lungen mit Luft. Zur Verwandlung gehört die Umstellung von Kiemen- auf Lungenatmung.

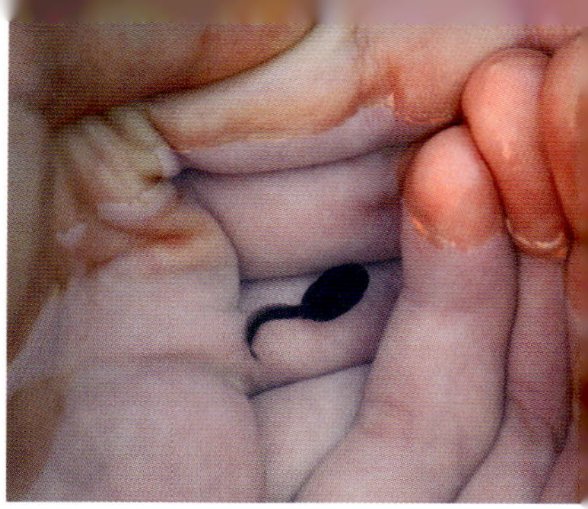

Kaulquappen entdecken

Kaulquappen im Wasser zu beobachten ist für Kinder ein unvergessliches Naturerlebnis.

Trinkbrunnen

Die Kinder schöpfen Wasser mit den Händen: Sie machen die Erfahrung, dass Wasser durch die Finger rinnt und fließt.

Trinkwasser

Unser Körper braucht Trinkwasser – zum Denken, Spielen, Arbeiten. Ohne Wasser können wir nur drei bis vier Tage auskommen, ohne Nahrung mehrere Wochen. Damit wir genügend Wasser trinken, haben wir ein Durstgefühl.

Faszination Wasser:
Wasserwellen und Wasserfarben

Beobachten

Wellen am Meer oder auf einem See können an windigen Tagen beobachtet werden. Bei starkem Wind entstehen hohe Wellen. Bevor die Welle am Strand bricht, türmt sie sich kurz auf und erzeugt eine faszinierende, kreisförmige Rollbewegung. Wenn Wellen brechen, entstehen weiße Schaumkronen.

Wo?

Meer, See, Fluss

Entdecken

Bei Windstille bleibt die Wasseroberfläche glatt. Dennoch lassen sich auch bei Windstille Wellen auf dem Wasser entdecken: Entweder sie werden durch Ebbe und Flut ausgelöst oder durch Bugwellen von Schiffen. Wer Steine ins Wasser wirft, kann selber kleine Wellen erzeugen.

Wasserspiele

Wellen

Wellen, die auf einen Strand zulaufen, werden langsamer. Die unteren Wasserteilchen werden gebremst, die oberen bleiben in Schwung. Es entsteht eine Kreisbewegung. Wellen sind bei Seglern und Windsurfern beliebt. Sie „reiten" auf den Wellen.

Wellenreiter basteln

Aus buntem Papier ein Surfbrett schneiden und mit Klebeband auf ein Holzstäbchen kleben. Ein Männchen malen, ausschneiden und aufkleben.

Segelschiff aus Papier

Aus weißem Papier Schiffchen falten. Ein weißes Segel an einem Zahnstocher befestigen und in das Papierboot stecken.

Wellenbilder malen

Wellenbilder mit Fingerfarbe auf einen großen Papierbogen malen. Die gebastelten Wellenreiter und Segelschiffe auf den Wellenbildern „reiten" lassen und damit spielen.

Farbe des Wassers

„Unsichtbares Wasser kann ich nicht malen, also werde ich es Blau malen" (Lukas, 5 Jahre).
Die Kinder malen und erleben die Farbe Blau.

Blaue Hände

Schau meine Hände,
bepinselt mit Blau.
Sie fühlen das Wasser,
in das ich schau.

Schau meine Hände,
so wasserblau!
Sie tragen das Wasser,
in das ich schau.

Schau meine Hände,
ich reiche sie dir.
Ein blaues Geschenk,
blaue Spuren von mir.

Blaue Spuren

Wie im Gedicht beschrieben, reibt ein Kind etwas blaue Farbe auf die Hände eines anderen Kindes. Das ist ein lustiges, kitzeliges Gefühl für beide!

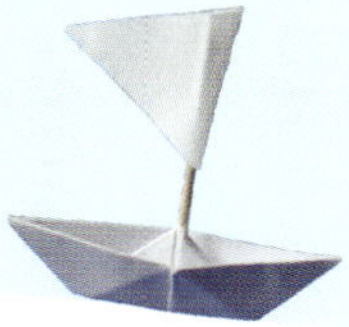

Wolken am Himmel:
Der Kreislauf des Wassers

Beobachten

Es gibt Tage, da sehen die weißen Wolken vor einem strahlend blauen Himmel wie weiße Inseln aus Watte aus. Oder wie weiße Schäfchen vielleicht? Wolken sind immer in Bewegung. So lassen sich ständig neue Wolkengebilde am Himmel beobachten, die abhängig vom Wind ihre Zugrichtung ändern.

Wo?

Überall draußen im Freien können Wolken beobachtet werden.

Entdecken

Wer sich Zeit nimmt, dem Treiben der Wolken am Himmel zuzuschauen, entdeckt mit etwas Fantasie Wolkenbilder: Gesichter, Tiere, Fantasiewesen. Wer zwischen Wolken einen Regenbogen entdeckt, hat großes Glück, weil es nur selten vorkommt.

Wasserspiele

Wolken

Wolken bestehen aus winzigen Wassertropfen und Eiskristallen, die frei in der Luft schweben. Weit oben bestehen Wolken aus Eiskristallen. Niedrige Wolken sind reine Wasserwolken.

Wie entstehen Wolken?

Wolken entstehen durch Verdunstung. Warme Luft steigt nach oben und nimmt winzige Wasserteilchen aus Pfützen und Seen mit hinauf an den Himmel.

Auf der Wolkenwiese

Auf der Wolkenwiese ist Regenwolkenkirmes. Pauli, Lilli und Billi Tropfenklein freuen sich auf das Wolkenkarussell. Damit werden sie zur Erde fliegen. Pauli möchte mit Papa Tropfenklein auf dem Seeadler fliegen. Lilli, Billi und Mama Tropfenklein besteigen den Sturmvogel. Der Sturmwind bläst, das Wolkenkarussell dreht sich sauseschnell. Alle Wassertropfen wirbeln hinab zur Erde. Auf der Erde angekommen, landet Familie Tropfenklein in einer großen Wasserpfütze und planscht darin so lange, bis die Sonne wieder scheint. Dann besteigen alle den Sonnenstrahlenaufzug. Der bringt sie zurück an den Himmel. Im Wolkenhaus gibt es bei Familie Tropfenklein nach ihrer aufregenden Regenreise immer eine Riesenportion Wolkeneis für alle.

Regina Bestle-Körfer

Regentropfentheater

Regentropfen-Marionetten aus weißem Papier ausschneiden, mit Butterbrotpapier bekleben, Gesichter aufmalen. Einen Bindfaden durchs Papier ziehen und das andere Ende um ein Streichholz wickeln. Das Streichholz durch ein Loch oben im Karton befestigen, bis jede Figur frei flattert.

Wolkenentspannung

Die Kinder liegen auf einer Decke und blicken in den Himmel. Welche Form hat meine Lieblingswolke? Ein Schäfchen? Ein Krokodil? Eine Feder?

Die Oberflächenspannung des Wassers:
Wasser hat eine Haut

Beobachten

Auf langsam fließenden und stehenden Gewässern lassen sich an der Wasseroberfläche Wasserläufer (Insekten) mit vier langen Beinen beobachten. In ruckartigen, schnellen Ruderbewegungen „laufen" sie über das Wasser und erbeuten dabei kleinere Insekten. Wie kann das sein?

Wo?

Bach, Teich, Tümpel, Fluss, Weiher, Pfütze

Entdecken

Wer genau hinschaut, kann die Dellen an den Kontaktstellen zwischen dem Wasser und den Beinen des Wasserläufers entdecken. Mit seinen behaarten Fußgliedern drückt sich der Wasserläufer an der dünnen, elastischen Wasserhaut ab und kann über das Wasser „laufen". Das gelingt, weil er sehr leicht ist und nur sehr geringen Druck auf die „Haut" des Wassers ausübt.

Wasserspiele

Experiment: Wasserhaut

Die flache ausgestreckte Handfläche auf die Wasseroberfläche legen, ohne sie einzutauchen. Wer spürt, dass sich an der Wasseroberfläche eine feine, elastische Wasserhaut befindet?

Oberflächenspannung des Wassers

Wasser bildet eine Oberfläche, die zusammenhält. Das liegt an den Wasserteilchen, die sich wie winzige Magnete gegenseitig anziehen. Direkt unterhalb der Wasseroberfläche halten sie noch fester zusammen, es entsteht an der Wasseroberfläche eine besondere Spannung.

Wasserschwall

Wer einen Becher Wasser oder einen wassergefüllten Schaumstoffball über sich ergießt, spürt den Wasserschwall auf der Haut. Wie fühlt er sich an? Glatt, flutschig, prickelnd?

Forschen

Versuchen Sie, einen Wasserläufer mit einem Kescher einzufangen und betrachten ihn aus der Nähe: Sind die winzigen Härchen an den Füßen erkennbar? Nach dem Betrachten den Wasserläufer wieder zurück ins Wasser lassen!

Die Haut des Wassers und der Wasserläufer:

Die Wasserteilchen direkt unter der Wasseroberfläche halten so fest zusammen, dass sie wie eine „Haut" wirken und leichte Gewichte tragen können. Der Wasserläufer ist ein Leichtgewicht.

Kugelige Wassertropfen:

Treffen Wassertropfen aufeinander, verbinden sie sich zu einem größeren Wassertropfen, und der ist immer rund. Wasserteilchen halten aneinander fest und bilden zusammen eine möglichst kleine Oberfläche. Dies gelingt ihnen mit der Kugelform am besten.

Wasserverdrängung und Auftrieb:
Was schwimmt, was geht unter?

Beobachten

Wasservögel schwimmen. Das Wasser perlt an ihren Federn ab. Mit dem Schnabel verteilen Enten- und andere Wasservögel das Fett der Bürzeldrüse am Schwanz auf ihren Federn, damit kein Wasser ins Federkleid eindringen kann. Auch die kleinen Küken schwimmen ganz ohne Schwimmhilfe im Wasser.

Wo?

Planschbecken, Wasserschüssel, Gartenteich, Fluss, See, Meer

Entdecken

Ein kleiner Stein, der ins Wasser geworfen wird, versinkt. Blätter und Blüten schwimmen auf der Wasseroberfläche. Holz schwimmt, eine Kastanie geht unter. Ein tonnenschweres Schiff aus Metall schwimmt, eine Schraube versinkt. Wie kann das sein?

Wasserspiele

Auftrieb des Wassers

Die Wasserteilchen wollen nicht weichen, wenn etwas ins Wasser fällt. Sie drücken von unten nach oben, das nennt man „Auftrieb des Wassers". Im Wasser fühlt sich alles leichter an.

Wasserverdrängung

Was ins Wasser fällt, wird von der Schwerkraft nach unten gezogen. Die Wasserteilchen werden auseinandergedrängt, versuchen sich zu wehren und zusammenzuhalten.

Wettstreit

Im Wasser kommt es zum Wettstreit zwischen den Wasserteilchen und dem „Eindringling“. Wer gewinnt? In einem Planschbecken entdecken die Kinder, was schwimmt und was sinkt.

Seerosenzauber

Seerosen aus Papier basteln, aufs Wasser legen und beobachten, wie sich das Papier an den Knickstellen öffnet, bis es komplett aufgeweicht ist.

Perlentaucherspiel

Legen Sie Muscheln ins Wasser und verstecken Perlen oder Murmeln darunter. Die Kinder tauchen ihre Hände ins Wasser und suchen die rote Perle.

Fische

Wasser ist der Lebensraum von Fischen. Hier leben, essen, atmen, hören, sehen, riechen und schlafen sie. Die Haut der Fische besteht aus Schuppen. Sie werden von einer Schleimhaut bedeckt. Fische benutzen zum Schwimmen ihre Rücken-, Schwanz-, Bauch-, Brust- und Afterflossen.

Fantasiefische

Stellen Sie Wasserschüsseln auf. Die Kinder legen nach eigener Fantasie aus Steinen und Muscheln Fische ins Wasser. Dabei tauchen sie mit den Händen und Armen ins Wasser ein.

Sie werden immer größer:
Wasserkreise

Beobachten

Was geschieht, wenn Regentropfen ins Wasser fallen, wenn kleine Luftbläschen, Fische oder Frösche an der Wasseroberfläche auftauchen, wenn ein Steinchen ins Wasser plumpst?

Wo?

Teich, See, Bach, Pfütze, Fluss, Wasserschüssel, Planschbecken

Entdecken

Kleine Kreise erscheinen auf der glatten Wasseroberfläche, sie breiten sich von innen nach außen aus, werden immer größer, gehen ineinander über und verschwinden ganz plötzlich wieder.

Wasserspiele

Ruhespiel

Setzen Sie sich mit den Kindern auf einen Baumstamm am Ufer eines ruhigen Gewässers und schauen zusammen auf die Wasseroberfläche. Wer entdeckt zuerst einen kleinen Wasserkreis auf dem Wasser, der sich ausbreitet und immer größer wird?

Rätseln und Erzählen

Die Kinder rätseln, wer die kreisrunde Bewegung auf dem Wasser ausgelöst hat? War es ein Fisch, Frosch, Blatt, Kastanie oder ein Regentropfen? Die Kinder zählen, wie viele Sekunden der Wasserkreis braucht, um wieder zu verschwinden.

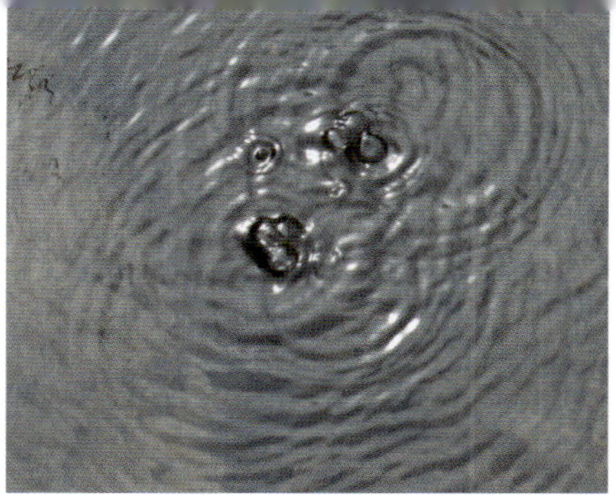

Konzentrische Kreise:

Wasserkreise sind „konzentrisch", das bedeutet, sie haben den gleichen Mittelpunkt. Aus gesammeltem Naturmaterial (z. B. Kastanien, Blüten, Steinen) konzentrische Kreise auf den Boden legen. Sie werden immer größer.

Alles ist rund

Kreise malen oder mit Naturmaterial legen hat, wie das Ausmalen von Mandalas, beruhigende Wirkung. „Alles ist rund" bedeutet im allgemeinen Sprachgebrauch, „mit etwas im Einklang sein". Die Kinder tanzen Kreistänze. Einen Innen- und einen Außenkreis bilden. Im Wechsel in gleicher und entgegengesetzter Richtung drehen.

Wasserkreise

In einem Teich oder einer Wasserschüssel lassen wir mit dem Finger Wasserkreise entstehen, indem wir mit dem Finger kurz auf die Wasserfläche tippen und beobachten, was geschieht. Oder wir werfen ein einziges oder mehrere Steinchen gleichzeitig ins Wasser.

Gefrorenes Wasser:
Eis

Beobachten

Sinkt die Lufttemperatur unter null Grad Celsius, erstarrt flüssiges Wasser zu Eis und nimmt eine feste Form an. Das lässt sich an einer gefrorenen Pfütze gut beobachten. Je stärker der Frost, umso dicker und fester wird die Eisschicht.

Wo?

Pfütze, Wasserschüssel, Bach, Teich, See

Entdecken

Je nach Luftfeuchtigkeit bilden sich auf gefrorenen Eisflächen Eiskristalle, die im Sonnenschein wie weißer Schnee funkeln. Manchmal kracht das Eis unter den Stiefeln und zerbricht in scharfkantige Eisstücke. Mit Eissplittern lässt sich wunderbar bauen und spielen. Ein eiskaltes Vergnügen!

Wasserspiele
mit gefrorenem Wasser

Aus Wasser wird Eis

Wasser besteht aus winzigen Wasserteilchen. Flüssige Wasserteilchen sind beweglich, frieren sie, werden sie unbeweglich, bis sie zu Eis erstarren. Aus flüssigem Wasser wird Eis.

Eis schwimmt

In kaltes Wasser Eisstücke fallen lassen und entdecken, dass Eis auf Wasser schwimmt. Eis schwimmt, weil es leichter ist als Wasser.

Eistürme und Eissterne

Eissplitter aus geborstenen Eispfützen stapeln und Eistürme bauen oder Eissterne legen. Mit Handschuhen arbeiten, weil Eissplitter scharfkantig sind.

Eispalast

Wer mag der Schneekönigin einen Eispalast aus Eissplittern bauen?

Feuer und Eis

Das Kerzenfeuer schimmert im Eispalast sehr geheimnisvoll. Ob die Schneekönigin schon schläft?

Eiswelt

Gefrorene Gebirgsbäche bringen zauberhafte Eiswelten mit bizarren Eiszapfen und Eisvorhängen hervor. Für dieses Naturschauspiel muss die Lufttemperatur längere Zeit unter minus 10 Grad Celsius liegen.

Eiszapfen

Eiszapfen entstehen durch tropfendes Wasser bei Temperaturen unter dem Gefrierpunkt. Jeder neue Tropfen friert am bereits gefrorenen Tropfen fest. Eiszapfen „wachsen“ von oben nach unten, große Eiszapfen brauchen dafür Stunden oder Tage. Bei Sonnenschein taut die oberste Eisschicht und Wasser tropft vom Eiszapfen herab.

Eisgeschenk

Naturschätze (z.B. Schneckenhäuser) in Backförmchen mit einem Bändchen auf ein Backblech mit Wasser legen und gefrieren lassen. Vorsichtig aus dem Eis lösen und am Bändchen in Äste hängen.

Gefrorenes Wasser: Schnee

Beobachten

Wassertropfen, die in den Wolken gefrieren und Eiskristalle bilden, fallen im Winter als Schnee auf die Erde. Dann wird es stiller als sonst, denn zwischen den vielen Schneeflocken entstehen Lufträume, die Schall und Geräusche „schlucken".

Wo?

Draußen, im Winter

Entdecken

Bei Lufttemperaturen um null Grad Celsius sind Schneeflocken groß und schwer. Sie enthalten viel Wasser. Aus sogenanntem „Pappschnee" lassen sich gut Schneekugeln formen. Bei Lufttemperaturen unter minus acht Grad sind Schneeflocken klein, leicht und pulvrig. Pulverschnee fällt leicht auseinander.

Wasserspiele mit *gefrorenem Wasser*

Schneekristall

Wassertropfen gefrieren in Wolken zu Eis- bzw. Schneekristallen. Ein einzelner Schneekristall hat immer sechs Zacken. Fallen sie aus den Wolken, verbinden und verhaken sie sich ineinander und bilden große und kleinere Schneeflocken, abhängig von der Lufttemperatur.

Schneeplätzchen

Mehrere Ausstechförmchen in eine geschlossene Schneedecke drücken und die Förmchen abheben. Vorsichtig die entstandenen Figuren aus dem Schnee lösen und draußen zwischen kahlen Winterzweigen und Ästen platzieren.

Schnee-Weihnachtsmann

Aus zwei Schneekugeln einen Schnee-Weihnachtsmann formen. Er bekommt ein Blatt als Kopfschmuck. Den Schneeweihnachtsmann neben einen Tannenzweig mit Schneekugeln oder auf Äste stellen.

Aus Schnee bauen

Schneehasen, Schneeeulen und Eisbären leben in den nördlichen Regionen der Erde. Sie sind an das Leben in Eis und Schnee gut angepasst. Wer mag Schneehase, Schneeeule und Eisbär im Garten aus Schnee bauen?

Rätsel

Ein weißer Kopf und weißer Bauch,
ein weißes Schwänzchen hab ich auch.
Zwei Öhrchen, eine kleine Nase,
glaubst du, ich bin der Osterhase?
Ich habe mich im Schnee versteckt,
damit der Fuchs mich nicht entdeckt.
Wer bin ich?

(Schneehase)
Regina Bestle-Körfer

2. Sandspiele

Sand ist ein Wort, das wir intuitiv mit einer körperlichen Erfahrung in Verbindung bringen. Es sind die Erfahrungen aus der Kindheit, die Sand als vielseitiges Naturmaterial in uns lebendig werden lassen. Der Sandkasten auf dem Spielplatz oder im eigenen Garten, Sand am Strand im Sommerurlaub. Dort wird gebuddelt, gebaut und gegraben – nach Herzenslust. Der Körper ist aktiv, die Wahrnehmung achtsam, die Seele kann sich entspannen.

Aus Stein wird Sand …

Sand! Ein uraltes Material, das über Jahrtausende von gewaltigen Naturkräften aus hartem Gestein gebrochen und von Wasser, Wind, Hitze und Kälte zermahlen wurde. Im Sand vereinbaren sich scheinbar gegensätzliche Eigenschaften – einerseits weich und rieselnd, andererseits formbar und fest.

Eine formbare Mischung: Wasser und Sand

Sand ist vielseitig einsetzbar. In Verbindung mit Wasser hat Sand einen hohen Aufforderungscharakter. Spielen und Bauen im Sand haben viele positive Auswirkungen auf die kindliche Entwicklung: so werden sinnlich-taktile Reize auf der Haut angeregt, durch viel Bewegung beim Bauen die kinästhetische Entwicklung vorangetrieben und die grob- und feinmotorische Entwicklung bei Kindern ganzheitlich gefördert.

Rollenspiele im Sand

Die Verwendung von Schaufel, Rechen und Sieb macht Kindern großen Spaß. Sie spielen Rollenspiele im Sand, spielen Bauarbeiter oder Baggerführer und sie betrachten ihr Spiel als Arbeit. Eine großartige Möglichkeit der spielerischen Selbstermächtigung, die sich positiv auf die emotionale Entwicklung und das Selbstbewusstsein auswirken.

Gestalten, erleben und genießen

Kreative Sandbauwerke erschaffen erfordert Freude an der körperlichen Betätigung. Das Ergebnis ist nicht für die Ewigkeit gemacht. Die Sandburg am Meer wird von der Flut wieder zerstört werden, der vorhandene Sand im Sandkasten muss mit anderen Kindern geteilt werden, sodass immer wieder neu gebaut werden wird. Das Erschaffene loszulassen gehört zum Sandburgenbau dazu. Im Sand können wir lernen, den Augenblick zu genießen.

Fundstücke am Strand:
Muscheln im Sand

Beobachten

Bei einem Spaziergang am Strand, besonders im feuchten Sand oder im seichten Wasser, sind Muschelschalen in unterschiedlichsten Farben, Formen und Mustern zu finden – gerippte Herzmuscheln, farbenfrohe Plattmuscheln, die innen rosasilbrig glänzen, und die länglichen Miesmuscheln, die in ihrem Inneren in bläulichem Perlmutt wunderschön schimmern.

Wo?

Meeresstrand, Flussufer

Entdecken

Jede Muschel besteht aus zwei kalkigen Klappen. Sie bilden um den Muschelweichkörper im Inneren ein schützendes Gehäuse. Mit etwas Glück sind beide Muschelklappen noch verbunden. Ist der Weichkörper im Muschelinneren noch vorhanden und sichtbar?

Sandspiele

Herzmuscheln

Gerippte Herzmuscheln in Weiß, Gelb, Braun, Blaugrau mit gekerbtem Muschelrand sind unsere häufigste Muschelart. Das Innere ist weiß. Zwei verbundene Muschelklappen bilden von der Seite betrachtet eine Herzform.

Muschelherz

Aus Herzmuscheln ein Herz in den Sand legen und gegebenenfalls vergrößern.

Muschelkleeblatt

Ein Glückskleeblatt aus Muscheln im Sand eignet sich als Fotomotiv für Glückwunschkarten zum Verschenken.

Erzählen

Der Muschelkönig Balduin lebte mit seiner Muschelkönigin in einem Muschelpalast. Leider stand er zu nah am Wasser und sie mussten fliehen. Was könnte geschehen sein? Sprechen Sie mit den Kindern über Ebbe und Flut. Einen Muschelpalast aus Sand und Muscheln bauen.

Rätselgedicht

Der Muschelkönig Balduin
und seine Muschelkönigin,
die leben am windigen Nordseestrand
in einem Muschelpalast aus Sand.
„Das Leben ist herrlich hier am Strand!",
ruft Balduin im Muschelgewand.
Doch nach sechs Stunden ist's vorbei
mit Balduins Strandträumerei.
Traurig ziehen sie hinaus
aus ihrem schönen Muschelhaus.
Sag, wer steht plötzlich da und raubt,
alles, was aus Sand gebaut?

(Die Flut)

Vom Wind geweht:
Sandwellen und Sanddünen

Beobachten

Am Meer weht in der Regel ein kräftiger Wind, der sowohl Wasser als auch Sand in Bewegung bringt. Es entstehen kleine Sandwellen auf großen Flächen oder hohe Sanddünen.

Wo?

Sanddüne, Strand, Sandwanne, Sandkasten

Entdecken

Sand ist sehr leicht und wird vom Wind sogar über große Entfernungen geweht. Trifft er dabei auf Hindernisse, z.B. Sträucher, Gräser oder Gebäude, wird er entweder gebremst, türmt sich auf, oder begräbt sogar Häuser oder wie auf dem Foto rechts einen Leuchtturm am Meer unter seinen Sandmassen.

Sandspiele

Sandwellen malen

Mit dem Finger Meereswellen in den Sand malen, dazu eine Sonne und Wolken an den Himmel. Ein Papierschiffchen basteln und auf den Sandwellen platzieren.

Sandwellen bauen

Im Sand lassen sich kleine Wellenberge aus trockenem Sand anhäufen, die sich wie Wellenschlangen durch den Sand schlängeln. Sie können mit Muscheln verziert werden.

Sanddüne

Sanddünen entwickeln sich durch Windströmungen. Der Sand wird vom Wind angeweht und lagert sich an der Düne ab.

Wanderdüne

Sie müsste eigentlich „rollende" Düne heißen, denn dort, wo der Wind den Sandberg entlangweht, „rollt" Sand den Sandberg hinauf bis zum sogenannten Dünenkamm, rutscht über die Kante und fällt auf der anderen Dünenseite nach unten. Auf der dem Wind zugewandten Seite wird immer mehr Sand abgetragen, auf der anderen Seite angehäuft. Die Düne wandert.

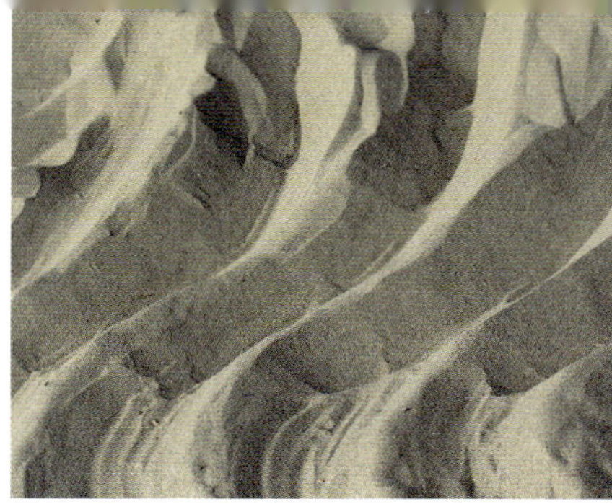

Sand-Wellen-Bilder

Die Kinder malen mit einem Pinsel, den sie zuvor in Kleister oder Holzleim eintunken, Wellenlinien auf ein großes Blatt Papier und pusten Sand über das bemalte Papier. Die Sandkörner bleiben auf dem Kleber haften. Wenn der Kleber getrocknet ist, den überschüssigen Sand vom Papier abschütteln.

Wellenbewegung selbst gemacht

Die Kinder erzeugen mit einem großen Schwungtuch gemeinsam luftige Wellenbewegungen. Abwechselnd legen sie sich unter das Schwungtuch und beobachten die Wellenbewegung von unten. Sie legen einen kleinen Ball auf das Schwungtuch und beobachten, wie er hin- und her rollt.

Trockener Sand: Schütteln, schütten und rieseln

Beobachten

In einer Sanduhr lässt sich rieselnder Sand gut beobachten. Der Blick ist auf die schmale Öffnung gerichtet, fokussiert und nicht abgelenkt. So kommen nicht nur die Augen, sondern auch der Körper in der achtsamen Betrachtung des Rieselvorgangs innerlich zur Ruhe.

Wo?

Sanduhr, Sandkasten, Sandstrand

Entdecken

In einem verschlossenen Marmeladenglas können Kinder beim Schütteln entdecken, wie Sandkörner und andere kleine Gegenstände durcheinandergewirbelt werden, wie sie mal sichtbar sind und dann wieder verschwinden.

Sandspiele

Schüttelgläser

Füllen Sie trockenen feinen Sand in ein leeres Marmeladenglas. Das Glas etwa zu zwei Drittel füllen, damit noch Luft zum Schütteln bleibt. Bunte Murmeln und kleine Muscheln ins Glas legen und den Deckel verschließen. Das Schütteln kann beginnen: Murmeln und Muscheln verschwinden und werden wieder sichtbar. Die Neugier der Kinder wird in jedem Fall geweckt. Die Kinder haben Freude, die Muscheln und Murmeln zu zählen.

Neugier und Lernen

Die Neugier gilt als Motor der geistigen Entwicklung. Neugierige Kinder stellen Fragen und stellen Zusammenhänge zu bekanntem Wissen her. Die Nervenzellen im Gehirn vernetzen sich in rasantem Tempo.

Sandschiffchen

Die Kinder legen ein kleines gebasteltes Papierschiff in ein Schüttelglas, das nur zur Hälfte mit Sand gefüllt ist. Durch Drehen und Schütteln des Glases versinkt das Papierschiffchen im Sand. Wer schafft es durch gezieltes Schütteln, das Papierschiff wieder an die Sandoberfläche zu befördern, bis es aufrecht steht? Ein kleines Geduldsspiel, das Ausdauer und Konzentration fördert.

Tischdekoration

Etwas Sand in einem Marmeladenglas mit einem gebastelten Papierschiffchen ist eine hübsche Dekoration für den Tisch.

Sandrieseln

Trockener, feiner Sand rieselt durch die Finger. Er bleibt nicht an den Händen kleben. Ein Kind beginnt das Sandrieselspiel und lässt Sand in die Hände des nächsten rieseln. Den Sand weiterreichen wie bei einem Sandförderband und am Ende in einem Eimer sammeln.

Aus Sand gebaut: Sandmenschen und Sandtiere

Beobachten

Das Formen und Modellieren von Sandmenschen und Sandtieren fördert die visuelle Wahrnehmung: die Beobachtung und Einschätzung von Proportionen, die Raum-Lage-Beziehung sowie die Auge-Hand-Koordination.

Wo?

Sandstrand, Sandkasten, Sandwanne

Entdecken

Beim Bau von Sandmenschen entdecken Kinder den Körper in seiner Gesamtheit. Sie nehmen Körperdetails wahr und bilden sie im Sand ab. Die bewusste Wahrnehmung des eigenen Körpers verbessert das Körperbild (Selbstkonzept) – eine wichtige Voraussetzung für jedes aktive Handeln.

Sandspiele

Gedicht

Die Sandfrau
liegt im Sand
schaut
in den Himmel
sieht
watteweiße Wolken
träumt und genießt
die Wärme,
den Sand,
das Rauschen
der Wellen
und den Geruch
des Meeres.

Regina Bestle-Körfer

Sand-Frau bauen

Kopf und Oberkörper im Sand aufschichten. Aus feuchtem Sand noch Arme und Brüste modellieren. Noch ein Gesicht aus Muscheln oder Steinen sowie Haare aus Seetang, Ohrringe und eine Kette aus Muscheln auflegen.

Sand-Kind

Das Sand-Kind hat einen Kopf, Oberkörper, Arme, Beine und Füße aus Sand. Es lacht und trägt ein hübsches Sandkleid.

Riesenschildkröte

Einen Rückenpanzer aufschichten, mit den Händen festklopfen. Ist die Körperwölbung stabil, den Sand um den Körper abtragen und einen Kopf, Schwanz und vier Beine anbringen. Einen Schildkrötenpanzer aus Seetang oder Muscheln auf den Sandrücken legen.

Erzählen und formen: Babyschildkröte

Meeresschildkröten kehren an den Geburtsstrand zurück, um ihre Eier im Sand zu vergraben und verschwinden wieder im Meer. Die Sonne brütet die Eier aus. Ist die Babyschildkröte ausgeschlüpft, versucht sie so schnell wie möglich ins Meer zu gelangen, denn auf dem Weg durch den Sand lauern Gefahren.

Sandleguan und Eidechse bauen

Leguane sehen mit ihrem langen Schwanz und Stacheln auf dem Rücken wie Drachen aus. Eidechsen haben einen länglichen Körper, der an eine Schlange erinnert, und einen langen spitzen Schwanz.

Sand und Wasser:
Sandmatsch

Beobachten

Wer trockenen Sand mit Wasser vermischt, kann beobachten und fühlen, wie sich Sand verändert. Aus rieselndem, trockenem Sand wird klumpiger, herrlich nasser Sandmatsch.

Wo?

Sandwanne, Sandkasten, Strand, Sandspielplatz

Entdecken

Sandmatsch fühlt sich klebrig an. Mit feuchtem oder nassem Sand lässt sich wunderbar spielen, matschen, Sandkuchen backen, Tropftürme bauen, Sandklöße formen und spannende Sinneserfahrungen sammeln. Die Neugier auf sinnliche Berührungserfahrungen treibt Kinder immer wieder in die Selbsterfahrung mit Matsch und Sand.

SAND

Sandspiele

Sand – ein sinnliches Vergnügen

Beim Matschen mit Sand werden nicht nur die feinen Sinneszellen der Haut angeregt, auch die Gefühle kommen in positive Schwingung. Berührungserfahrungen erzeugen Informationen und Emotionen: Wie fühlt sich Sandmatsch an? Glitschig, warm und weich oder eher kühl, glibberig, unangenehm?

Tropftürme

Sand in einem Eimer mit viel Wasser zu einem tropffähigen Sandgemisch verrühren. Eine Handvoll Sandmatsch in die Hand nehmen und auf den Boden tropfen lassen. Die nächste Tropfladung immer wieder obenauf tropfen, bis Tropftürme entstehen.

Sandkuchen

Aus feuchtem Sand Sandkuchen „backen". Mit Naturmaterial (z.B. Gänseblümchen, Löwenzahnblüten, Gras, Moos, Steinchen usw.) die Sandkuchen verzieren.

Sandküche

In der Sandküche stehen heute Sandklöße auf dem Speiseplan. Viele Sandklöße formen und auf Blättern oder Tellern anrichten und mit Naturmaterial (z.B. Beeren, Gras, Kräuter usw.) garnieren. Oder Sandklößchen in Form eines Gesichts auf einem Blatt anrichten.

Matschmänner

Zwei Sandklöße aufeinandersetzen. Den Matschmännern mit Steinchen oder Muschelstücken ein Gesicht geben und Haare aus Seetang auf den Kopf legen. Wer schafft es, drei Sandklöße aufeinanderzusetzen?

Konzentration lernen mit Körperbezug:

Beim Matschen richten Kinder ihre Aufmerksamkeit auf die Sinnesreize der Haut und zugleich auf das Material. Neugier und Freude am Tun mit Körperkontakt erhöhen die Ausdauer und helfen Störfaktoren auszuschalten. Die spielerisch erlernte Konzentrationsfähigkeit lernen Kinder auf abstrakte Aufgaben ohne direkten Körperbezug zu übertragen.

Graben, buddeln, bauen:
Sandburgen und Sandlöcher

Beobachten

Sandburgen bauen gehört zu den Lieblingsbeschäftigungen von Kindern und Erwachsenen am Sandstrand. Mit Fantasie und Freude wird Sand geschaufelt, geschleppt, getürmt, geformt, mit Muscheln verziert, und es entstehen Wunderwerke der Sandarchitektur.

Wo?

Sandwanne, Sandkasten, Strand

Entdecken

Das richtige Mischungsverhältnis von Sand mit Wasser ist für den erfolgreichen Sandburgenbau entscheidend, da trockener Sand kein gutes Baumaterial ist. Erst durch die Zugabe von Wasser kann Sand zusammenkleben. Es darf nicht zu viel und nicht zu wenig Wasser sein, das entdecken wir beim Ausprobieren.

Sandspiele

Sandberg

Der Klassiker ist der Sandberg, der aufgehäuft wird, immer höher wächst und oben eine Spitze bildet. Er braucht eine gute Basis aus nassem Sand, damit immer neue Sandschichten halten.

Sandvulkan

Den Sandvulkan aus einem Sandberg bauen. Mit einem Löffel das Kraterloch von der Sandspitze abtragen. Den Sand mit Wasser stabilisieren und das Kraterloch ausformen. Die glutrote Lava aus gesammelten roten Mohnblättern anbringen.

Sandpyramide

Die Sandpyramide aus dem klassischen Sandberg bauen. Mit der Schaufel an vier Seiten Sandkanten abtragen. Die Hände modellieren in Verbindung mit Wasser vier gleich große Dreiecksseiten und eine Spitze. Die Pyramide bekommt noch einen Eingang mit Muscheln.

Sandkirche

Die Sandkirche erhält neben dem spitz zulaufenden Sandberg noch ein Kirchenschiff. Mit dem Sandrechen eine Schraffur über den Sand ziehen und gegebenenfalls noch Fenster und eine Türe in den Sand ritzen.

Löcher graben

Beim Löchergraben lernen wir Sand als Werkstoff kennen: sein Gewicht, seine Beschaffenheit im trockenen und feuchten Zustand. Beim Graben mit Händen und Schaufel sind Kinder hochaktiv, motiviert und setzen sich Ziele: Sie wollen ein Loch ans andere Ende der Erde buddeln oder bis sie auf Wasser stoßen.

Fantasievolle Löcher

In Sandberge Löcher bohren und mit Naturmaterial (Steine, Muscheln) füllen. Sandlöcher buddeln und mit Matschtürmen einrahmen. Lebt in der dunklen Höhle jemand?

Sandbadewanne

Ein großes, breites Loch buddeln, mit Steinen und Muscheln einrahmen. Hineinspringen, hineinsetzen und in der Sandbadewanne ein Sandbad nehmen!

In den Sand malen:
Sandbilder

Beobachten

Sand ist fein oder grobkörnig, mal weiß, grau oder beigebraun. Besonders feiner Sand hat einen hohen Aufforderungscharakter. Bereits bei seinem Anblick möchten wir Sand berühren, darin kreisen, bohren, darüberstreichen.

Wo?

Sandwanne, Sandkasten, Strand

Entdecken

Im Sand gehen unsere Finger auf Entdeckungsreise. Auf einer glatten Sandfläche beginnen sie im Sand zu rühren und zu malen. Beinahe wie von selbst entstehen sandige Kunstwerke – Kreise, Spiralen, Muster, Bilder im Rahmen.

Sandspiele

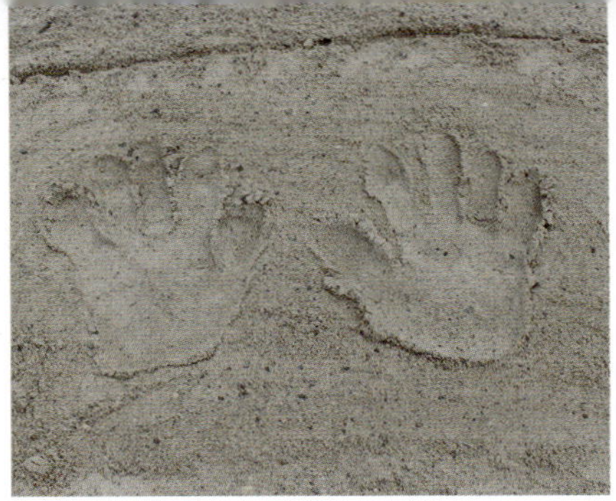

Sandmalen

Beim Sandmalen stehen das Empfinden und Gestalten im Vordergrund, nicht das Ergebnis. Sandmalen ist eine Aktivität, die entspannt und die Konzentration fördert.

Planierraupe

Unberührter Sand regt die Gestaltungskräfte an. Vor jeder Sandmalaktion mit den Händen „Planierraupe" spielen. Die Sandfläche mit den Händen glätten.

Graphomotorik

Beide Hände sind im Sand aktiv und trainieren die Muskulatur, die wir zum Schreiben benötigen. Sandmalen ist eine optimale Vorübung zum Schreibenlernen.

„Malen" in trockenem Sand

In trockenen Sand kleine und große Kreise, Spiralen und Wellenlinien mit dem Finger malen. Die trockenen Sandkörner fühlen sich weich an.

Malen und Drucken in feuchtem Sand

Geglätteter feuchter Sand wird zur Leinwand. Wir malen mit dem Finger Sandbilder, die ganz ohne Farbe auskommen. Oder die Kinder drucken ihre Hand- und Fußabdrücke in Sand.

Naturbild im Rahmen

Den Sandboden glätten. Aus Stöcken einen Bilderrahmen legen. Rinde, Zweige, Äste, Steine und Muscheln neben den Bilderrahmen legen und ein Naturbild kreieren.

Fische im Sandaquarium

Einen Rahmen malen. Ins Sandaquarium Fischförmchen hineindrücken. Jeder Fisch bekommt ein Fischauge und aus Steinchen aufsteigende Blubberblasen.

Sandraupe

Aus runden Sandförmchen eine Sandraupe in den Rahmen setzen. Das Blatt zum Knabbern für die Sandraupe nicht vergessen!

Sandförmchenspiel

Einen Bilderrahmen in den Sand malen. Mit verschiedenen Sandförmchen Abdrücke ins Bild drücken. Die Kinder zählen die Abdrücke. Wie viele Fische und Krabben sind es? Wer kann das Abdruckbild im eigenen Bilderrahmen wiederholen?

Mit Händen und Füßen:
Im Sand spielen

Beobachten

Murmeln sind bei Kindern seit Generationen beliebt. Sie liegen, weil sie rund, bunt und angenehm glatt sind, gut in der Hand und sind schön anzusehen. Es gibt Murmeln in verschiedenen Farben und Größen, mit und ohne farbliche Muster und Einschlüsse zu bewundern.

Wo?

Sandkasten

Entdecken

Glatte Murmeln in der Hand bilden einen starken Kontrast zum körnigen Sand. Es handelt sich um zwei sehr unterschiedliche Tastempfindungen an Händen und Füßen. Auf der selbst gebauten Sandmurmelbahn trainieren wir unsere Hand- und Fußgeschicklichkeit, unsere Konzentration und Ausdauer.

Sandspiele

Sand an Händen und Füßen

Sand ist das Material der Kindheit. Ist Sand warm, kalt, rau, glatt, körnig? Das erspüren Kinder im Sand und sammeln wichtige Sinneserfahrungen.

Entspannte Sandhände

Wer mag seine Hand mit Sand bestreichen und schmücken lassen und sich dabei entspannen? Die Sandhand mit Steinchen, Muscheln, Murmeln verzieren.

Entspannte Sandfüße

Wer mag seine Füße im Sand einbuddeln und mit Steinchen, Murmeln, Muscheln schmücken?

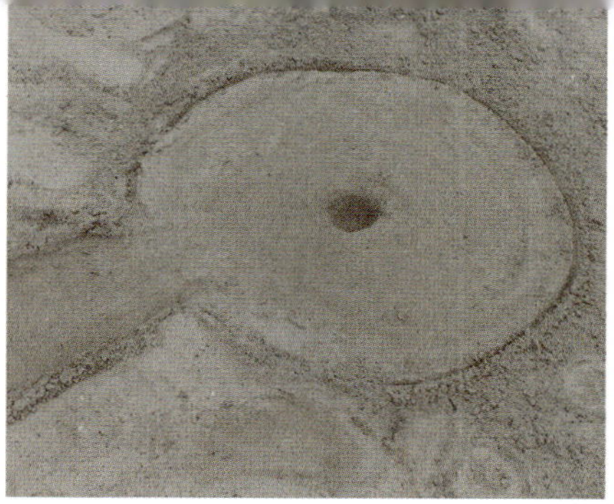

Sandmurmelbahn bauen

Die Murmelbahn im Sand aus einem Kreis mit einem Loch und einer langen Bahn mit einer Startlinie bauen. Der Sand sollte feucht sein, mit den Händen glatt gestrichen und möglichst fest geklopft werden, damit Murmeln über den Sand rollen können.

Murmelspiel

Hinter der Startlinie aufstellen. Abwechselnd Murmeln über die Bahn rollen und liegen lassen. Beim nächsten Durchgang von da weiter spielen, wo die Murmel liegen blieb. Jeder hat drei Versuche. Den Sand auf der Sandbahn möglichst nach jedem Spieldurchgang glätten und festklopfen.

Sandlöcher

Diese Sandmurmelbahn hat mehrere Löcher. Ziel ist es, durch geschicktes Rollen seine Murmel nur ins mittlere Loch zu treffen.

Fußschieber

Die Kinder haben nackte Füße. Nacheinander schieben sie ihre Murmel mit den Füßen über die Sandmurmelbahn ins Loch.

Murmelboule

Eine größere Murmel über die Sandmurmelbahn (ohne Loch) rollen. Wer die große Murmel trifft oder mit seiner Murmel am nächsten dran ist, ist Sieger und rollt sie im nächsten Spieldurchgang aufs Spielfeld.

3. Steinspiele

Wer kennt nicht die Versuchung, einen oder mehrere Steine beim Spaziergang am Fluss, in den Bergen, am Strand aufzuheben, in die Jackentasche zu stecken und mit nach Hause zu nehmen? Und jeder dieser Findlinge berührt etwas in uns, macht ihn vor unserem inneren Auge einzigartig und besonders.

Uralte Zeugen der Geschichte unserer Erde

Denn Steine stecken voller Geheimnisse und Geschichten: aus geologischen Forschungen an Steinfunden aus aller Welt entstand das Wissen vom Ursprung der Erde vor ca. 4,6 Milliarden Jahren, Geschichten aus der Urzeit der Dinosaurier, Geschichten von der Entstehung der Gebirge aus dem Meer, von der aus erkaltetem Gestein bestehenden Erdkruste, Geschichten aus der Steinzeit, in der Steine als Werkzeug dienten, von der Entstehung des Sandes, von rund geschliffenen Kieselsteinen, bezaubernden Edelsteinen usw.

Symbole der Dauerhaftigkeit

Steine sind Symbole für Stabilität, Festigkeit und Ewigkeit, gerade weil ihre Veränderung und Auflösung durch Verwitterung so langsam vonstatten geht.
Steine gehören dem Element Erde an. Sie bestehen aus Mineralien, die Pflanzen, Tiere und Menschen zum Leben benötigen. In Verbindung mit organischem Material entsteht aus verwittertem Gestein fruchtbare Erde bzw. Humus.

Überall verfügbares Spielmaterial

Bei genauer Betrachtung finden wir im Stein eingeschlossene Linien und Muster, manche enthalten noch Abdrücke von Pflanzen, Muschelschalen und Überreste ausgestorbener Tiere. Steine gibt es in unendlicher Vielfalt an Formen, Größen, Farben. Sie sind draußen in der Natur überall verfügbar und nicht zu übersehen. Sie können betrachtet, bestaunt, angefasst, gesammelt und verbaut werden.

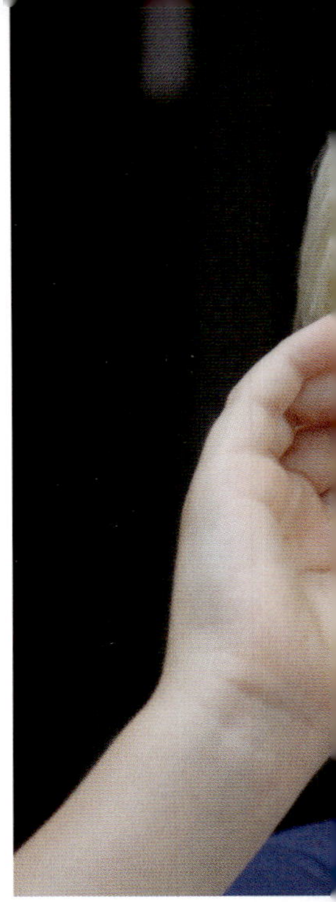

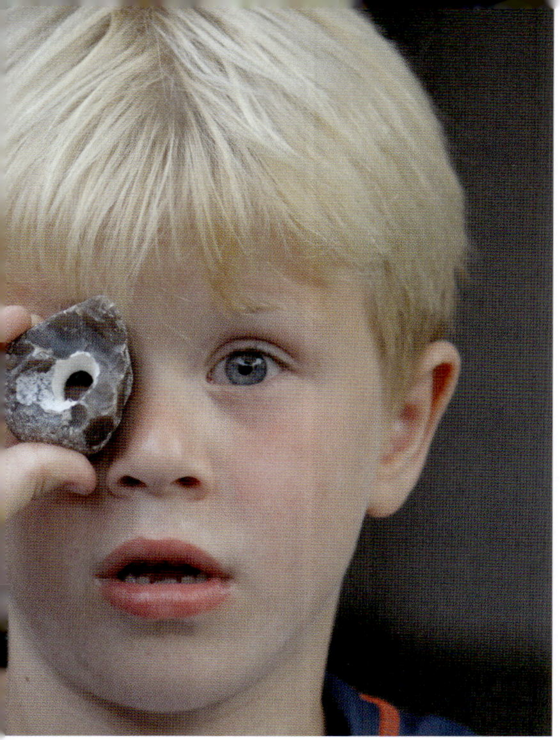

Entstanden im Berg:
Felsen und Steine

Beobachten

Gebirgsfelsen sehen auf den ersten Blick immer gleich aus. Und doch verändern sie ihr Aussehen und ihre Form durch Verwitterung über sehr lange Zeiträume hinweg. Gebirge verändern sich auch durch menschliche Eingriffe wie Steinabbau in Steinbrüchen und Straßenbau im Gebirge.

Wo?

Gebirge und Meer

Entdecken

Felsen üben auf Kinder eine magische Anziehung aus. Am Meer und in den Bergen sind sie reichlich vorhanden. An diesen Naturorten sind Kinder in ihrem Element. Sie entdecken beim Felsenklettern und Steine schleppen eine besondere Kraft im eigenen Körper und sammeln dabei unvergessliche Naturerlebnisse.

Steinspiele

Löchriger Stein

Manche Mineralien im Stein sind wasserlöslich. Durch Einwirkung von Wasser verlieren Steine an Festigkeit, zerbrechen oder werden ausgehöhlt und durchlöchert. Manches Gestein verändert sich durch Verwitterung an der Luft. Es entstehen spannende Felsbilder und Felsschluchten.

Gebirgsklamm

Felsschluchten wurden in tausenden von Jahren durch Geröll- und Schmelzwasserfluten von Eiszeitgletschern geschaffen. Der Besuch einer Gebirgsklamm ist ein beeindruckendes Naturerlebnis.

Steinsprung und Felsenklettern

Ein Kletterfelsen am Strand, ein großer Stein im Sand. Beim Klettern und Kraxeln trainieren Kinder ihre Geschicklichkeit und ihr Gleichgewicht ganz spielerisch. Auf Steine klettern und herunterspringen erzeugt Glücksgefühle.

Steinmännchen

In den Bergen und am Wasser, überall, wo Steine in großen Mengen vorkommen, werden sie aufeinandergesetzt und gestapelt. In den Bergen haben sie die Bedeutung von Wegweisern und werden als „Steinmanderl" oder Steinmännchen bezeichnet.

Im Gleichgewicht

Nicht nur beim Balancieren und Klettern, auch beim Steinestapeln entdecken Kinder die Bedeutung des Gleichgewichts. Hier werden Geduld und ruhige Hände zur Herausforderung, damit aus Steinen Türme werden, die immer weiter in die Höhe wachsen.

Steinmännchen

Am Bach oder Flussufer ein Steinmännchen bauen. Mit Sandmatsch die Steinzwischenräume füllen und ein Gesicht „aufmalen" oder eine Kopfbedeckung aus Naturmaterial (z.B. Blätter, Zweige) anbringen.

Steintürme auf Holzpfählen

Stabile Holzpfähle auf Augenhöhe der Kinder in der Erde verankern. Auf diese Holzpfähle können gesammelte Steine gestapelt oder Steinmännchen gebaut werden.

Wer hat den Stein so klein gemacht:
Große und kleine Steine

Beobachten

Steine gibt es überall, in allen Farben, Formen und Größen – als Felsbrocken, Kieselstein, bis zum kleinen Sandkorn. Sie liegen auf Wegen, auf Äckern, am Flussufer, am Strand, in den Bergen.

Wo?

Flussufer, Steinstrand, Bach, Berge, Wege, Garten, Acker

Entdecken

Steine sind meist sehr hart und lassen sich in der Regel nur schwer bearbeiten und formen. Durch Aneinanderklopfen und -stoßen lassen sich kantige Steine aufbrechen. Doch wer hat den Stein so klein, so flach oder wunderbar rund gemacht?

Steinspiele

Wer hat den Stein so klein gemacht

Wer hat den Stein so klein gemacht?
Ein Hammerhai in dunkler Nacht?
Nein, der Hammerhai, der war es nicht.
Niemand hat ihn bisher erwischt.

Wer hat den Stein so flach gemacht?
Ein Steinbeißer in dunkler Nacht?
Nein, der Steinbeißer, der war es nicht.
Niemand hat ihn bisher erwischt.

Wer hat den Stein so rund gemacht?
Der Wasserfloh in dunkler Nacht?
Nein, der Wasserfloh, der war es nicht.
Niemand hat ihn bisher erwischt.

Regina Bestle-Körfer

Erzählen

Die Kinder nehmen einen Stein in die Hand und schließen die Augen. Lesen Sie das Gedicht vor: Wie fühlt sich mein Stein an? Glatt, rau, rund, kantig, flach? Ist er kalt, warm, schwer, leicht? Was hat er in seinem Steinleben gesehen?

Steinnamen

Aus großen Steinen den Vornamen in den Sand oder ins Gras legen. Oder aus Kieselsteinen den eigenen Namen auf Pappe kleben und mit geschlossenen Augen ertasten.

Steinbrücke

Aus großen Steinen eine Steinbrücke ins Wasser oder in Sand bauen. Über die Steinbrücke balancieren.

Steingewicht

Die Kinder liegen auf einer Decke auf dem Rücken und schließen die Augen. Legen Sie jedem Kind einen Stein auf Bauch, Beine, Arme. Die Kinder erspüren, ob es sich um einen größeren oder kleinen Stein handelt.

Steingeräusch

In einem Eimer befinden sich Steine, der zweite Eimer ist mit Wasser gefüllt. Die Kinder schließen die Augen. Lassen Sie Steine ins Wasser plumpsen. Wer ein Plumpsen hört, hebt den Arm. Wer kann die Plumpsgeräusche ins Wasser von kleinen und größeren Steinen unterscheiden? Auf Geräusche zu achten fördert die Konzentration.

Versteinertes Leben aus der Urzeit: Fossilien

Beobachten

In Naturkundemuseen können versteinerte Tiere, Pflanzen, Baumstämme, Knochen, Zähne, Ammoniten, Muscheln aus der Nähe betrachtet und bestaunt werden. Vor allem versteinerte Saurierknochen wecken die Neugier von Kindern und beflügeln ihre Fantasie. Im Schiefergestein in Holzmaden wurde beispielsweise der Ichthyosaurus entdeckt (Foto). Er lebte dort im urzeitlichen Jurameer vor über 180 Millionen Jahren.

Wo?

Naturkundemuseum, Fossilfundstätten

Entdecken

Die Kinder entdecken Steine, in denen Fossilien bis ins kleinste Detail erkennbar und eingeschlossen sind. Es handelt sich um Spuren der Erdgeschichte im harten Stein, aus einer Zeit, die unvorstellbar lange zurückliegt und gerade deshalb so fasziniert.

Steinspiele

Fossilien

Als Fossilien bezeichnet man versteinerte Überreste von Pflanzen oder Tieren aus früheren Erdzeitaltern. Spektakuläre Fossilfunde – Fischsaurier, Schwimmsaurier, Flugsaurier, Krokodile (Foto), Fische usw. können im Urwelt-Museum Hauff in Holzmaden (Baden-Württemberg) bestaunt werden.

„Urzeitfisch"

Urzeitfische aus Steinen auf den Boden legen und das Fischskelett mit Stöckchen nachbilden.

Dinosaurier

In den Sand einen Stein-Dinosaurier legen. Ein großer Stein bildet den Dinosaurierkörper: Beine, Füße, ein langer Hals mit einem Kopf, Maul, Zähne, Zacken und einen Schwanz anlegen.

Dinosaurierbaby

Wie bei Reptilien und Vögeln üblich, schlüpfte auch die Mehrzahl der Dinosaurier aus Eiern. Ein Kind liegt eingerollt auf einer Decke. Steine in ovaler Form, wie ein Ei, um das „Dinobaby" legen und mit den Händen als Eierschale bedecken. Das „Dinobaby" spielt, wie es aus dem Ei schlüpft.

Ammoniten

Ammoniten waren Meeresbewohner, die im Erdmittelalter lebten. Ihre versteinerte Spiralform erinnert an Schneckenhäuser. Es handelt sich um eine ausgestorbene Gruppe von Kopffüßern, die über einen Zeitraum von etwa 350 Millionen Jahren in den Weltmeeren lebten. Ein noch lebender Verwandter ist der Nautilus, der zu den Tintenfischen gehört. Ammoniten sind vor 65 Millionen Jahren zusammen mit den Dinosauriern ausgestorben. Ammoniten zählen zu den populärsten Fossilien.

Steinspirale

Eine Spiralform aus Steinen legen. Innen klein beginnen, nach außen öffnen, größer werden. Die Steine quer oder längs aneinanderlegen. Mit einer Steinspirale ein Hüpfspiel spielen. Die Kinder hüpfen auf einem Bein in die Spirale hinein und wieder hinaus.

Steine werden lebendig: Berührende Steingeschichten

Beobachten

Wer einen Stein findet, ihn aufhebt, von allen Seiten betrachtet und in die Jackentasche steckt, dem hat dieser Stein beim genauen Betrachten möglicherweise eine kleine Geschichte erzählt. War es eine lustige, eine spannende oder eine traurige Geschichte?

Wo?

Berge, Meer, Strand, Flussufer

Entdecken

Wer ein Steinherz mit einer bunten Blüte schmückt, entdeckt, wie das Harte des Steins und das Weiche der Blüte miteinander eine Verbindung eingehen. Die Berührung von etwas Hartem mit etwas Zartem und Weichem löst schöne Gefühle, vielleicht sogar Rührung aus.

Steinspiele

Die Sage von Sisyphus

Vor langer Zeit regierte der König Sisyphus in Griechenland. Sisyphus war mächtig. Aber die Götter am Himmel waren streng mit ihm. Sie befahlen Sisyphus, einen riesengroßen Stein den Berg hinaufzurollen. Sisyphus strengte sich sehr an, doch der Stein entglitt ihm und rollte den Berg hinab, zurück ins Tal. So musste Sisyphus wieder von vorne beginnen. Er hat es nie geschafft.

Ein Spaziergang im Park

Jeden Tag geht ein Mann mit seinem Hund im Park spazieren ... Ein Steinmännchen, einen Steinhund und eine Parklandschaft auf stabilem Papier auslegen. Was sehen und erleben die beiden im Park?

Steinmännchen-Spielgeschichte

Steine auswählen und mit Bastelkleber kleine Steinchen als Augen, Nase, Mund aufkleben oder anmalen, dazu ein Körper, Arme, Beine, eine Muschel auf den Kopf – die Steinmännchen werden lebendig. Eine kleine Spielgeschichte z.B. vom Ballspielen ausdenken und erzählen.

Tanzspiel: Versteinert

Drei Kinder bekommen einen Stein in die Hand. Alle tanzen zur Musik. Dabei werden die Steine weitergegeben. Sobald die Musik stoppt, „versteinern" die Kinder mit einem Stein in der Hand. Um sie wieder von ihrem Zauber zu befreien, über die Hände streicheln.

Steinspiele

Ein Herz aus Stein

Steine mit einer Herzform sind besondere Steine. Es sind seltene Fundstücke. Wer ein Steinherz findet, lässt es nicht unbeachtet liegen: ein Steinherz berührt unser Inneres. Man findet sie am Flussufer oder am Meeresstrand, in Mineralienläden sind sie käuflich zu erwerben.

Ein Herz aus Stein erweichen

Das Märchen vom Riesen mit dem Herz aus Stein erzählen. Die Kinder legen eine Herzform aus Steinen und schmücken es mit Blüten, Blättern, Moos und anderem Naturmaterial. Wer mag, gestaltet auch eine kleine Blumenfee aus Naturmaterial mit rotem Blütenkleid.

Märchen: Der Riese mit dem Herz aus Stein

Es war einmal ein Riese mit einem Herz aus Stein. Er lebte alleine in einer Felsenhöhle. Niemand traute sich in seine Nähe. Keine Fledermaus, keine Spinne, kein wehendes Samenkorn oder Blatt. Und das hatte einen Grund: In seiner Höhle wehte ein eisiger Wind. Sein frostiger Atem hatte die Höhle bis in den letzten Winkel vereist. Wer der Höhle zu nahe kam, erfror und erstarrte zu Eis. Der Riese fühlte nichts: keine Kälte, kein Mitgefühl, keine Freude. Eines Tages entdeckte er in einem Felsspalt seiner Höhle ein rotes Blütenherz. Er nahm es an sich und hielt es vor sein kaltes Steinherz … Da hörte der Riese ein leises Wimmern.

Er ging hinaus und die Sonnenstrahlen kitzelten seine Nase. Er musste niesen und als er eine kleine Fee mit zerrissenem Blütenkleid und zerzaustem Haar im Felsspalt erblickte, sah das so lustig aus, dass er lachen musste. Sein Gesicht wurde rot. Das erste Mal seit hundert Jahren spürte der Riese Wärme durch seinen Körper strömen und er bekam Mitleid mit der kleinen Fee. Behutsam befreite er ihren kleinen Fuß aus dem Felsspalt und gab ihr das rote Blütenherz zurück. Seit diesem Tag war die Kälte aus seinem Herzen für immer verschwunden. Der Riese und die kleine Blumenfee wurden sogar Freunde.

Regina Bestle-Körfer

„Blühende" Steine:
Steinblumen

Beobachten

Sie wachsen vereinzelt auf Kieswegen oder aus Stein- und Mauerritzen und scheinen im Gestein genügend Wasser und Nährstoffe zu finden. Wie kann das sein? Wie finden die kleinen Wurzeln, die sonst in der Erde Halt finden, zwischen harten Steinen Halt?

Wo?

Kieswege, Gebirge, Mauerritzen, Steingärten

Entdecken

Bei einem Spaziergang halten wir Ausschau nach besonderen Blumen und Gewächsen, deren winzige Samen sich inmitten von Steinen entfalten konnten und die im Gestein wachsen und erblühen.

Steinspiele

Aus Steinen wachsen Blumen

Steine bestehen aus Mineralien, z.B. Magnesium, Calcium, Kieselsäure usw. Die Auflösung der Mineralien aus dem Boden wirkt für Pflanzen wie Dünger und ist wichtig für ihr Wachstum.

Märchen vom Löwenzahn

Lilli war die kleinste Blumenfee, klein wie ein Mausezahn. Wenn die stolzen Blumenfeen über die Wiese tanzten, wurde Lilli übersehen. Darüber war sie sehr traurig. So beschloss Lilli die Blumenwiese zu verlassen und mit dem Kuckuck in den Süden zu fliegen.

In Afrika fand Lilli unter einem Baum einen ausgefallenen Zahn von einem richtigen Löwen. Lilli steckte den Löwenzahn in ihren Rucksack und trug ihn immer bei sich. Als sie nach ihrer Reise auf die Wiese zurückkehrte, erblassten die Blumenfeen vor Neid! Lilli Mausezähnchen war gewachsen und fühlte sich stark wie ein Löwe. Sie konnte nicht nur in der Erde wachsen! Nein, sie biss sich mithilfe ihres gefundenen Löwenzahns sogar durch Steinritzen hindurch. Das hatte bisher noch keine Blumenfee geschafft! Aus Lilli Mausezähnchen war Lilli Löwenzahn geworden.

Regina Bestle-Körfer

Steinblumen im Sand

Aus Steinen eine Blume mit Stiel, Blüte und Blättern in den Sand legen.

Steinblumen

Steinblumen legen und mit Blüten und Blättern verzieren. Es können auch Materialien, die nicht verblühen um die Steine gelegt und angeklebt werden: z.B. Knöpfe, Glassteine usw.

Glückseier

Ovale Steine, ohne Ecken und Kanten, liegen wie ein sanfter Handschmeichler in der Hand. Ovale Steineier mit einem getrockneten, vierblättrigen Kleeblatt, oder mit getrockneten Blütenblättchen bekleben und als Glücksbringer verschenken.

Aus Steinen bauen und legen:
Steintiere

Beobachten

Jeder Stein hat eine besondere Form. Eine reiche Steinsammlung bietet die nötige Auswahl. Aus gesammelten Steinen entstehen fantasievolle Tiere als Legebilder im Sand, auf bemalter Leinwand, Papier oder Pappe – ein Steinzoo zum Anschauen und Spielen.

Wo?

Steine findet man überall

Entdecken

Passende Steine können auch mit Bastelkleber aufeinandergeklebt werden. Noch Augen, Mund, gegebenenfalls ein paar Öhrchen und Arme ankleben und wir entdecken, wie ein Koalabär aus unseren Steinen entstanden ist. Er fühlt sich im Bambushain sehr wohl.

Steinspiele

Steinzoo
Zu einem Steinzoo gehören außer Bären auch Zebras, Schlangen, Elefanten, Enten, Mäuse. Es kommt auf die vorhandene Auswahl geeigneter Steine an, um Zootiere zu basteln.

Steinzebra
Ein lustiges Zebra bauen wir aus grauen Steinen mit weißen Linien und Wollfäden für Schwanz und Mähne.

Elefant in der Savanne:
Einen Steinelefant mit Rüssel (graues Schneckengehäuse) auf eine bemalte Leinwand legen und festkleben. Mit einer Sonne aus Steinen, Bäumen aus Blättern und Zweigen ergänzen.

Steinmäuse
An den Mäusestein ein Wollschwänzchen und winzige Steinchen als Augen ankleben. Für die Mäuseöhrchen kleine Muschelstücke oder Filz verwenden. Die Steinmäuse auf grauen Steinen platzieren. Das Entdecken und Zählen der Mäusesteine macht Spaß!

Steinente
Eine Steinente auf Leinwand oder Papier legen und festkleben. Oder eine Entenfigur bauen.

Spielgedicht: Sag, wer kommt denn da daher?

Sag, wer kommt denn da daher?
Ist das ein Koalabär?
Oder gar ein Elefant,
aus dem fernen, heißen Land?
Welches Tier kommt da gerannt?
Hast du das Zebra schon erkannt?
Könnte es die Ente sein,
die im Wasser plantscht allein?
Schau, da sind sechs kleine Mäuschen,
die spazieren in ihr Häuschen.

Regina Bestle-Körfer

Mit Steintieren spielen

Das Spielgedicht lernen die Kinder durch Wiederholen auswendig und spielen mit gebastelten Steintieren in einer Sandkiste.

Steinschlange

Auch einer Schlange im Wasser kann niemand trauen, es sei denn sie ist aus Steinen gebaut.

Steinschlangenkünstler

Wer schafft es Steine in einer Schlangenlinie über große Steine schlängeln zu lassen?

Steine speichern Sonnenenergie:
Wärmender Stein

Beobachten

Besonders an sonnigen Stellen auf Steinen, Wegen und Blüten lässt sich der Distelfalter gerne nieder und öffnet seine farbenfrohen Flügel. Wen können wir noch beim Sonnenbad beobachten?

Wo?

Garten, Wiese, Feld, Wege

Entdecken

Gehen wir einmal auf Entdeckungsreise und beobachten Tiere aus der Nähe, die sich gerne auf Steinen sonnen: Schmetterlinge, Frösche, Libellen, Eidechsen. Wir setzen uns auf sonnengewärmte Steine und genießen die Wärme des Steins auf unserer Haut.

Steinspiele

Sonnensteine

Steine in die Sonne legen. Ihre Temperatur vor und nach der Sonnenbestrahlung testen. Wie warm oder heiß werden sie? Das Spüren ist mit geschlossenen Augen intensiver. Oder den Stein an die wärmeempfindlichen Wangen halten.

Entspannungsspiel

Die Kinder liegen auf dem Rücken. Sie schließen die Augen und lauschen einer ruhigen Musik. Legen Sie den Kindern einen erwärmten Stein auf den Bauch. Wer mag, legt seine Hände auf den Stein und genießt seine Wärme.

Distelfalter

Wer genau hinschaut, entdeckt die ziegelrote Färbung der Flügel mit dunklen und weißen Flecken. Öffnet der Distelfalter seine Flügel wärmt er sich in der Sonne auf, um Energie zu tanken. Wir legen einen Schmetterling aus farbigen Steinen in warmen Sand.

Zauneidechse

Die Zauneidechse sonnt sich gerne auf warmen Steinen. Dabei tankt sie Energie, um auf Insektenjagd erfolgreich zu sein. Bei Bedrohung werfen Eidechsen einen Teil ihres Schwanzes ab, um den Feind abzulenken. Er wächst nach, bleibt aber kürzer.

Steineidechse

Eine Eidechse aus gesammelten Steinen in Sand oder auf eine bemalte Leinwand legen.

Plattbauchlibelle

Auch die Plattbauchlibelle liebt die Sonne. Sie ist ein wahrer Luftakrobat. Sie wechselt im Flug die Richtung, kann in der Luft stehen und rückwärts fliegen. Eine Libelle aus einer Muschel und Naturbast basteln.

Wasserfrosch

Am Uferrand auf Steinen oder auf Seerosen genießt der Wasserfrosch die Sonne. Wir bauen einen Frosch aus Steinen. Wer mag, bemalt die Steine vor dem Kleben mit grüner Farbe.

Besondere Steine:
Steinfindlinge

Beobachten

Steine gibt es überall. Ihre Anwesenheit ist fast selbstverständlich. Ein besonderer Stein springt ins Auge, wenn er etwas im Inneren berührt – eine besondere Form, Linie, Farbe, Größe oder Kleinheit, eine Assoziation.

Wo?

Erde, Sand, Berge, Felsen, Sand, Wiesen, Wasser

Entdecken

Das Finden regt das Erfinden an. Und so erstaunt es nicht, dass wir in einem unbelebten Stein ein Gesicht oder ein Tier entdecken können. Besondere Steine sind eine reiche Quelle für kreative Ideen.

Steinspiele

„Hühnergötter"

„Hühnergötter" sind Feuersteine, die ein Loch aufweisen. Innen sind Hohlräume, in denen sich Kreide oder Kristalle befinden. Im Meerwasser werden sie allmählich ausgespült, es entsteht ein Loch. Einen „Hühnergott" finden soll Glück bringen.

Steingeflüster

Die Kinder halten einen besonderen Stein ans Ohr und fragen ihn: Stein, woher kommst du? Stein, wie alt bist du? Was flüstert der Stein?

Gedicht: Mein grauer Wal

Gestern habe ich
einen Schatz gefunden.
Er ist grau.
Er glänzt im Sonnenschein.
Mein grauer Schatz
ist kalt und glatt.
Er kuschelt sich
in meine warme Hand.
Ich kann ihn riechen,
meinen grauen Schatz.
Er duftet nach Meer,
ja, er duftet
wie ein Grauwal.

Regina Bestle-Körfer

Zauberstein

Ein Kind hält einen „Zauberstein“ in den Händen, schüttelt ihn und ruft: „Zauberstein, Zauberstein, alle sollen Frösche sein!“ Die Kinder hüpfen wie Frösche. Ruft das Kind: „Eins zwei drei, der Zauber ist vorbei!“ wird der Zauberstein weitergegeben und neu gezaubert.

Gespenstersuche

Graue Steine in einen Karton legen. Minigespenster aus grauem Papier ausschneiden und zwischen den Steinen verstecken. Die Gespenstersuche kann beginnen.

Steine mit weißer Linie

Weiße Linien im Stein bestehen aus Quarz, der bei der Gebirgsentstehung im Gestein eingelagert wurde. Kieselsteine mit weißer Linie so aneinanderlegen, dass eine Schlangenlinie oder eine Kreisform entsteht.

Steine flitschen

Damit Steine über Wasser hüpfen sollten sie flach und abgerundet sein, nicht dicker als ein Zentimeter. Der Weltrekord im Steineflitschen besteht aus 88 Sprüngen eines Steins übers Wasser.

The best door is the outdoor!

Die Naturraumpädagogik nutzt den Wald und die Natur als Lernort, Raum und Mittler, um ganzheitlich Bildungsprozesse in Gang zu setzen. Anke Wolfram schafft in ihrem Buch eine fundierte wie konkrete Grundlage für pädagogisches Handeln in Waldkindergärten. In vielen Praxisbeispielen können auch andere Kitas Ideen finden, um die Natur als Bildungsort zu nutzen. Voraussetzungen und Rahmenbedingungen zur Gestaltung und Führung von Waldkindergärten oder Waldprojekten in Regeleinrichtungen finden Sie hier ebenfalls.

Anke Wolfram
Naturraumpädagogik
in Theorie und Praxis
192 Seiten | Kartoniert
ISBN 978-3-451-37950-5

HERDER